Ligados.com

História 4

Caderno de atividades

NOME: ____

____

TURMA: ____

ESCOLA: ____

____

____

Editora Saraiva

Sumário

Ilustrações: Alan Carlos Barbosa, Daniel de Paula Elias, Francis Yoshida de Mattos, José Ângelo Góes Mattei Júnior, José Segura Garcia Junior, Luciano Costa de Oliveira, Marcelo de Almeida, Marcos Diego dos Santos, Mateus Galhardo Grizante, Mouses Sagiorato Prado, Paulo Sérgio Fritoli.

Atividades: Material originalmente publicado por Sistema de Ensino Ético.

Primeiros habitantes do Brasil

1. Leia o texto e os balões de fala.

De onde vieram esses povos?

Os **ancestrais** dos povos indígenas já viviam no Brasil antes da chegada dos portugueses.

Ancestrais: antepassados; povos que deram origem.

- Complete as lacunas com as palavras do quadro.

habitantes	primeiros	indígenas

Quando os espanhóis chegaram ao continente americano pela primeira vez, no século XVI, as nações ________________ já viviam na América do Norte e na América Central havia mais de 30 mil anos. No Brasil, os registros dos ________________ ________________ são datados de aproximadamente 40 mil anos.

2. Leia o texto e observe o mapa.

Os ancestrais dos indígenas brasileiros vieram de regiões onde, na atualidade, estão localizados o Peru, o Equador, a Colômbia e a Venezuela. Alguns se fixaram na região amazônica e outros foram para o litoral do nordeste. Existiram grupos que se espalharam pela região central do país, enquanto outros preferiram se acomodar mais ao sul do nosso território.

No mapa ao lado, você poderá ver as rotas aproximadas que os ancestrais dos indígenas brasileiros seguiram para chegar ao nosso território. A região avermelhada corresponde aos locais de origem dos primeiros habitantes do Brasil. Note que eles migraram através da região amazônica, chegando até a atual região Sul do nosso país.

Fonte: Cláudio Vicentino. *Atlas Histórico*. São Paulo: Scipione, 2011. p. 20.

Indique com **X** as frases corretas.

- [ ] Os ancestrais dos indígenas brasileiros vieram de regiões onde, na atualidade, estão localizados o Peru, o Equador, a Colômbia e a Venezuela.
- [ ] Os povos indígenas que tiveram os primeiros contatos com os portugueses eram todos iguais.
- [ ] Não é correto usar imagens reproduzidas por filmes e desenhos animados norte-americanos para explicar os costumes e hábitos dos indígenas brasileiros.
- [ ] Quando os portugueses chegaram ao litoral brasileiro, encontraram muitos povos indígenas, que viviam em cidades e em altos edifícios.

Conquistas e descobertas dos portugueses

3. Leia o texto e observe o mapa.

Barcos ao mar!

No século XV, os comerciantes italianos e turcos dominavam o comércio no mar Mediterrâneo. Os turcos traziam muitas mercadorias adquiridas nos países do Oriente, como China, Índia e Japão, para serem vendidas aos europeus pelos italianos.

Os produtos comercializados pelos turcos eram muito apreciados na Europa. Entre eles podemos citar os metais preciosos, como ouro e prata, as especiarias, como pimenta-do-reino e canela, e os produtos artesanais, como tapetes e tecidos finos.

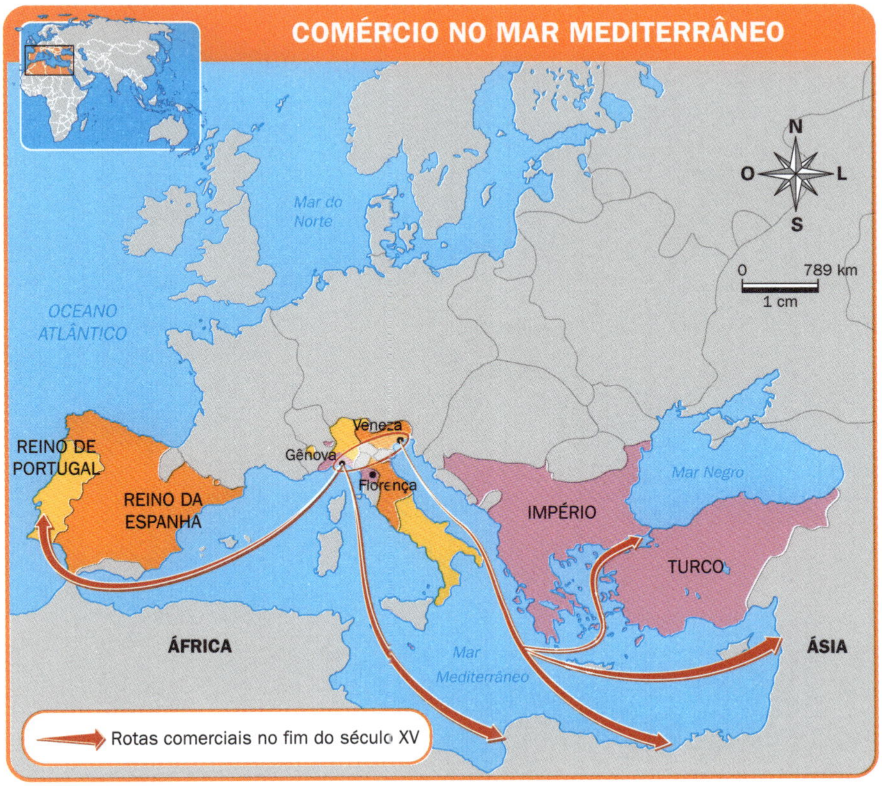

Fonte: Cláudio Vicentino. *Atlas histórico*. São Paulo: Scipione, 2011. p. 65.

■ Complete as frases.

a) Os comerciantes ________________ e ________________ dominavam o comércio do mar ________________.

b) Os produtos comercializados pelos ________________ eram muito apreciados na ________________.

4. Leia o texto e observe o mapa.

Os reis de Portugal e da Espanha queriam muito participar do comércio no mar Mediterrâneo, mas não podiam porque italianos e turcos não deixavam. A solução encontrada para comercializar as mercadorias orientais foi adquiri-las diretamente do Oriente.

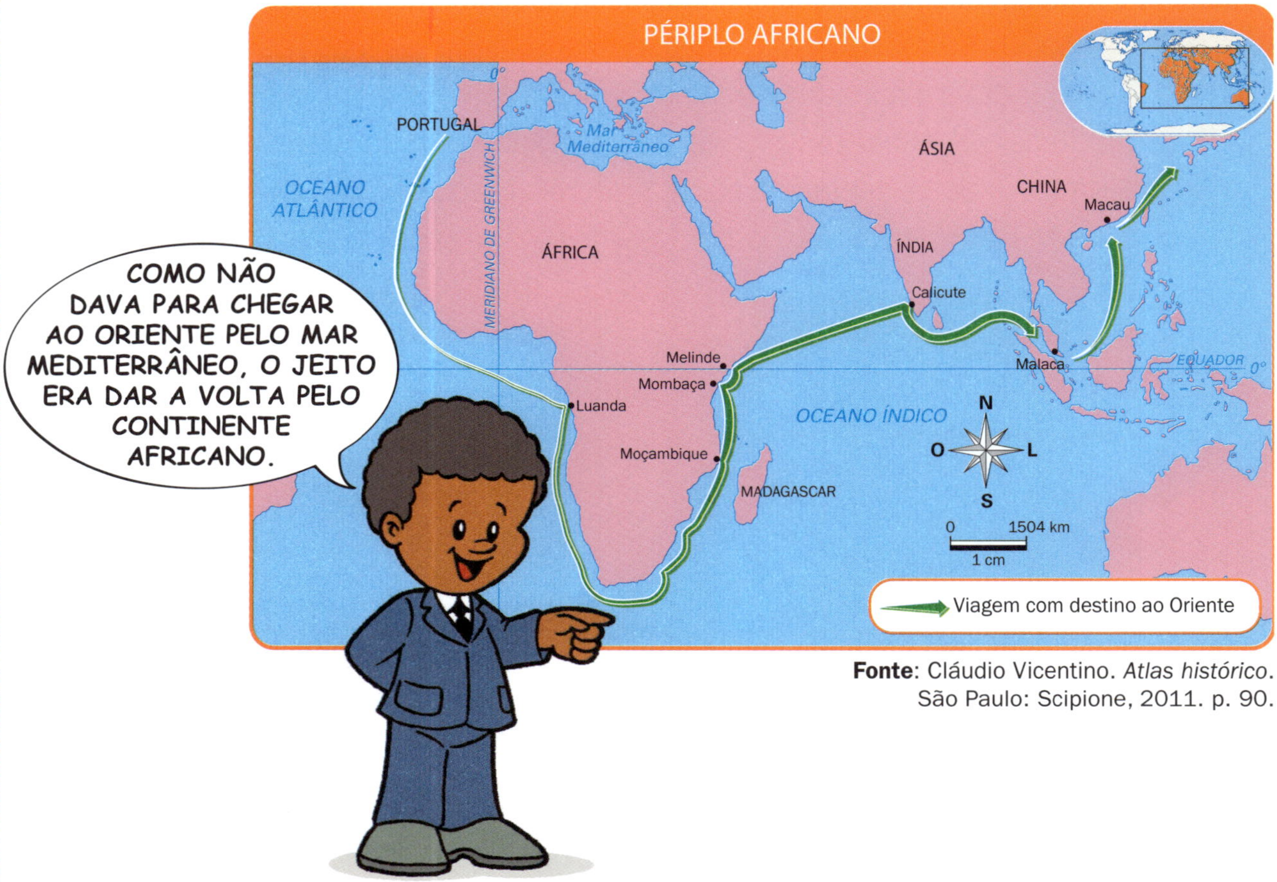

Fonte: Cláudio Vicentino. *Atlas histórico*. São Paulo: Scipione, 2011. p. 90.

Para conseguir isso, o governo português começou a investir na construção de grandes naus, caravelas e instrumentos náuticos, como a bússola, o **quadrante** e o **astrolábio**.

Portugal tanto fez que, em 1498, o navegador Vasco da Gama conseguiu descobrir uma rota para chegar ao Oriente, dobrando o Cabo da Boa Esperança, ao sul do continente africano. Nessa época, os navegadores portugueses chegaram à Índia, China e Japão.

Quadrante: instrumento náutico usado para medir a distância percorrida pela embarcação por meio da posição das estrelas.

Astrolábio: antigo instrumento para observar a posição dos astros celestes e determinar a rota de navegação.

a) Circule no diagrama nomes de algumas das mercadorias orientais que os portugueses valorizavam e desejavam comercializar.

A	Q	D	E	C	A	N	E	L	A	Q	O	M	K	K	A	D	F
O	U	K	R	N	O	R	A	S	B	F	I	B	E	J	P	K	V
U	E	F	D	E	S	P	E	C	I	A	R	I	A	S	S	F	B
R	I	M	G	B	I	B	S	-	C	S	Y	F	T	N	O	J	P
O	S	V	F	H	-	G	K	V	X	A	T	A	P	E	T	E	S
F	N	N	H	V	U	H	D	P	Z	T	E	P	W	T	U	S	A
M	D	-	Y	G	-	N	J	R	L	W	C	K	I	C	G	D	T
V	M	B	U	C	Y	M	F	A	K	E	I	O	O	S	Y	W	A
N	V	O	I	D	G	J	O	T	J	R	D	I	P	D	N	R	J
H	N	P	I	M	E	N	T	A	-	D	O	-	R	E	I	N	O
D	G	-	J	E	G	X	I	P	G	Y	S	Y	K	G	B	H	L

b) Qual foi o investimento do governo português para conseguir comercializar as mercadorias orientais?

c) Qual foi a rota descoberta pelo navegador português Vasco da Gama para chegar ao Oriente?

Do outro lado do mar

5. Leia o texto.

Foi em 1500,
em Portugal,
do outro lado do mar.
Havia um menino
chamado Pedrinho.
E havia o mar.
Pedrinho amava o mar.
Pedrinho queria ser
marinheiro.
Tinha alma de aventureiro.

Perguntava sempre
para o pai:
— O que é que há
do outro lado do mar?
O pai sacudia a cabeça:
— Ninguém sabe, meu filho,
ninguém sabe...

Naquele tempo,
ninguém sabia o que havia
do outro lado do mar.

Ruth Rocha. *Faz muito tempo.*
São Paulo: Ática, 2000.

■ Responda às questões.

a) Qual a época retratada no poema?

____

b) Qual é o nome do menino do poema?

____

c) Em que país ele morava?

____

d) O que ele mais amava?

____

e) O que ele queria ser?

____

f) Qual(is) é(são) o(s) sentimento(s) do menino em relação ao que há do outro lado do mar?

____

____

■ Complete o texto com as palavras do quadro.

navegações	**portugueses**

Os ____________________ foram grandes navegadores da época em que viveu Pedrinho. O sentimento de curiosidade e as necessidades da época levaram-nos a enfrentar as incertezas dos mares que ainda não conheciam. Na época eram conhecidos: a Europa, o norte da África e a Ásia. As grandes ____________________ representaram uma ampliação do mundo conhecido até então. Nesse período, os europeus chegaram ao continente americano e ao território do Brasil.

6. Observe no mapa as rotas de três navegadores e complete as lacunas do texto.

GRANDES NAVEGAÇÕES — SÉCULOS XV E XVI

Fonte: Cláudio Vicentino. *Atlas histórico*. São Paulo: Scipione, 2011. p. 90.

Os navegadores portugueses Vasco da Gama e Pedro Álvares Cabral viajaram em anos diferentes. Vasco fez sua viagem anos antes de Cabral, mas ambos tiveram o mesmo ponto de partida: ____________________. Antes de Cabral, o navegador genovês Cristóvão Colombo havia sido enviado pela Espanha. Ele partiu da cidade de ____________________. Atravessou o oceano ____________________, chegando ao continente ____________________.

Em suas viagens, Vasco da Gama e Pedro Álvares Cabral cruzaram os oceanos ____________________ e ____________________. Ao sul do continente africano, dobraram o ______________________________. Pararam em ____________________ e ____________________. Por fim, seguiram viagem até seu destino final, em ____________________.

Apesar de as rotas de Vasco e Cabral serem quase iguais, houve uma mudança na rota de Cabral: ainda no oceano ____________________, a frota de Cabral seguiu mais para oeste, chegando ao litoral do que hoje é a cidade de ______________________________, localizada no estado da Bahia.

Chegada dos portugueses ao Novo Mundo

7. Leia o texto e complete corretamente as lacunas com as palavras do quadro.

novas terras	Brasil	caravelas	
portuguesa	séculos	América	cultura

As grandes navegações, iniciadas nos ______________ XV e XVI, também foram viagens muito importantes para a história da humanidade. Elas receberam esse nome porque as ______________ de portugueses, espanhóis, holandeses, franceses e ingleses passaram a cruzar os oceanos em busca de ______________________ para serem exploradas ao redor do mundo.

As grandes navegações possibilitaram que povos que nunca tiveram contato pudessem se conhecer: os povos que viviam na ________________ e os povos que viviam na Europa.

Foi a partir da viagem de Pedro Álvares Cabral, por exemplo, que os portugueses conheceram a língua tupi e o modo como os nativos que viviam no ______________ se alimentavam, se vestiam e muitas outras coisas.

Da mesma forma, os indígenas brasileiros passaram a conhecer a língua ______________, as vestimentas, as músicas, os livros, as ferramentas e muitos outros elementos da ______________ portuguesa e europeia.

BIP

As caravelas de Pedro Álvares Cabral mudaram para sempre a história dos povos que viviam na América. Os novos elementos culturais trazidos pelos europeus modificaram a vida de todos aqueles que viviam nas terras recém-encontradas. Ao lado, vemos uma réplica da caravela Vera Cruz, construída em 2000, em Portugal, para as comemorações dos 500 anos de descobrimento do Brasil.

8. Leia as cenas e numere-as na sequência correta.

☐ No dia 22 de abril, após mais de um mês e meio de viagem, os tripulantes das embarcações comandadas por Pedro Álvares Cabral avistaram terra firme.

☐ Um grupo de portugueses foi enviado até a praia para fazer contato com os indígenas que viviam aqui. Depois, dois indígenas foram levados até as embarcações, para serem recebidos por Pedro Álvares Cabral.

☐ Os portugueses não estavam chegando ao Oriente, como acreditavam. Na verdade, eles chegaram ao litoral de um novo continente, em uma região próxima à atual cidade de Porto Seguro, estado da Bahia. No dia seguinte, 23 de abril, os marinheiros avistaram um grupo de indígenas na praia.

Após o primeiro contato, os portugueses começaram a se preparar para continuar a viagem em direção ao Oriente. Uma caravela foi carregada com pau-brasil, animais e plantas da nova terra e enviada a Portugal, levando Pero Vaz de Caminha e as notícias da descoberta.

No dia 9 de março de 1500, o rei d. Manuel ficou muito feliz ao ver o navegador Pedro Álvares Cabral partir de Lisboa com uma esquadra de 13 embarcações. O plano do navegador era chegar ao Oriente contornando a África.

Pedro Álvares Cabral estava ansioso para contar ao rei sua nova descoberta, e Pero Vaz de Caminha, um escritor que viajava em sua esquadra, tratou logo de escrever uma carta contando tudo o que estava acontecendo na viagem e tudo o que fora encontrado pelos portugueses naquela nova terra.

O encontro de brancos e indígenas

9. Leia o texto e faça o que é pedido.

- Imagine dois indígenas que viveram em 1500 e avistaram pela primeira vez as caravelas portuguesas. O que será que eles disseram um ao outro? Como será que eles reagiram?

a) Produza uma história em quadrinhos retratando o que você imaginou. Faça desenhos e escreva o diálogo entre os indígenas. Não se esqueça do título.

b) Em qual data esse diálogo aconteceu?

10. A chegada dos portugueses ao Brasil, no ano de 1500, fez com que duas culturas muito diferentes mantivessem contato.

a) Circule, na ilustração, cinco objetos que demonstrem a influência da cultura europeia na vida cotidiana dos indígenas que viviam no Brasil.

b) Circule, na ilustração, cinco objetos que demonstrem a influência da cultura indígena na vida cotidiana dos portugueses que viviam no Brasil.

11. As imagens a seguir mostram como as moradias indígenas variam de acordo com a cultura de cada povo. Para alguns povos, a moradia representa somente a habitação, enquanto para outros ela também pode ser o local dos rituais e dos acontecimentos sociais. Observe-as e responda ao que é pedido.

Habitação do povo enáuenê-nauê (MT).

Esse povo mora em habitações retangulares. Na construção redonda, mais ao centro, são guardadas as flautas.

Habitação dos indígenas da floresta (MT e PA).

Além de moradia comunitária, esse espaço é usado para a realização de cerimônias.

Habitação do povo marubo (AM).

Esses indígenas habitam moradia alongada, feita de palha, no centro da aldeia. As construções em torno dela são usadas como depósitos.

Habitação do povo parkatejê (PA).

Esse povo mora em habitações de alvenaria dispostas em círculo. Há um pátio central, onde se desenvolvem todas as atividades cerimoniais.

- Entre os povos das moradias retratadas nas figuras, qual sofreu mais influência dos povos não indígenas no que se refere à habitação? Por quê?

___

___

Os povos indígenas na época da chegada dos portugueses

12. Leia o que o pequeno indígena perguntou.

- Para responder a essa e outras questões, leia o texto.

Eram povos que viviam da caça, pesca e coleta de alimentos... Desenvolviam uma agricultura rudimentar com roças de mandioca, feijão, milho e abóbora... Eram povos que se relacionavam com a natureza: o raio, o trovão, o rio, a árvore... Possuíam seus costumes, suas lendas, suas crenças, suas tradições milenares... Andavam nus, pintavam o corpo, se enfeitavam com penas coloridas, cantavam e dançavam nas festas e nos rituais.

[...] As crianças eram protegidas por todos. As meninas aprendiam a trançar folhas de palmeiras e a fazer esteiras e cestos. Os meninos caçavam bichos pequenos, subiam nas árvores e nadavam nos rios.

O jovem era preparado para a vida adulta: conhecia a história do seu povo e dos ancestrais, aprendia a caçar, a correr, a ser forte, corajoso...

Enfim, eram povos que, mesmo diante de dificuldades, possuíam uma forma própria de harmonia.

Até que, naquele abril de 1500, apareceram no horizonte as caravelas da esquadra portuguesa, e toda aquela harmonia que existia há séculos foi quebrada para sempre.

Liliana Iacocca e Michele Iacocca.
De onde você veio?: discutindo preconceitos.
São Paulo: Ática, 2006.

Rudimentar: básica, fundamental, que não se aperfeiçoou.
Rituais: relativo a ritos, ou seja, conjuntos de regras e de cerimônias que se praticam em uma determinada religião.

a) Descreva os indígenas que os portugueses encontraram no Brasil em 1500.

___

___

b) Procure no diagrama alguns alimentos dos indígenas que aparecem no texto.

M	A	N	D	I	O	C	A	U	G	E	L
I	G	B	U	M	R	F	E	I	J	Ã	O
L	R	A	B	Ó	B	O	R	A	B	E	R
H	J	B	U	N	E	N	H	U	E	M	T
O	B	F	Y	U	G	T	R	B	N	M	O
B	A	C	B	R	O	U	Y	R	F	H	O

c) Os alimentos que você encontrou no diagrama eram plantados e colhidos pelos indígenas. De que outros modos os índígenas conseguiam os seus alimentos?

d) De acordo com o texto, o que as meninas aprendiam?

e) De acordo com o texto, o que os meninos faziam?

13. Releia o parágrafo do texto. Depois, responda ao que é pedido.

> "O jovem era preparado para a vida adulta: conhecia a história do seu povo e dos **ancestrais**, aprendia a caçar, a correr, a ser forte, corajoso..."

a) Escreva o significado da palavra destacada. Use o dicionário.

____

____

____

b) De que forma os indígenas preparavam os jovens para a vida adulta?

____

____

____

____

____

c) Por que é importante conhecer a história do nosso povo, assim como faziam os indígenas?

____

____

____

____

____

____

____

____

____

____

14. Observe este quadro. Depois responda ao que é pedido.

Akg Images/Latinstock

Caboclo, do pintor francês Jean-Baptiste Debret.

a) Na pintura, o que estão fazendo os indígenas?

b) O que chama mais a sua atenção no quadro?

15. Leia o texto e complete as lacunas corretamente com as palavras do quadro.

alimentos	mulheres	crianças	pintam

Os caiapós

Entre os povos que habitavam os cerrados, estavam os caiapós, que ainda hoje vivem em duas regiões do Brasil: no sul do estado do Pará e no norte do estado de Mato Grosso.

As ________________ caiapós eram e são as responsáveis por cultivar as roças da aldeia. De lá, ________________, como batata-doce, milho, cana-de-açúcar, banana e mandioca, são colhidos e servidos ainda fresquinhos nas refeições de adultos e ________________ de toda a comunidade.

No passado, os caiapós ficaram conhecidos por serem um povo guerreiro. Até hoje, em suas cerimônias, eles ________________ o corpo com duas cores muito importantes para a sua cultura: o preto e o vermelho.

Antonio Cruz/Abr

Os caiapós da aldeia indígena Quicretum, que fica no município de Tucumã, estado do Pará, mantêm vivos seus elementos culturais, como as pinturas corporais e os adereços que podemos ver na fotografia, registrada no ano de 2006.

Comunidade: conjunto de pessoas que vivem juntas e com os mesmos interesses.

16. Leia o texto e resolva o que é pedido.

a) Complete as lacunas com as palavras correspondentes do quadro.

idosos	migraram	aldeias	construtores	comunidades	moradias

Os povos tupis

Entre os povos tupiniquins que habitavam o litoral brasileiro na época da chegada dos portugueses ao Brasil, estavam os tupinambás, os potiguaras e os mundurucus.

Para chegarem ao litoral, esses povos _______________ do sul da região amazônica e da região onde atualmente é o estado de Mato Grosso do Sul.

Os povos tupis construíam grandes moradias, nas quais habitavam cerca de 40 pessoas. Nessas _______________ não havia repartições, mas os chamados "cantinhos": cada família ocupava um canto da grande casa.

Algumas dessas _______________ não possuíam um chefe, mas, todas as vezes que precisavam, os membros mais _______________ e experientes dos grupos se reuniam e escolhiam os seus líderes.

Como viviam próximos do mar e de grandes rios, os povos tupis tornaram-se bons _______________ de canoas, que transportavam bens, alimentos, utensílios e instrumentos de pesca.

Os tupis plantavam mandioca, batata-doce, pimenta e muitos legumes. Para prepararem a terra para o plantio, os indígenas derrubavam o mato que existia em uma região, queimavam-no e preparavam o solo da melhor maneira possível. Essa prática era chamada de coivara e até hoje é feita em algumas regiões do nosso país.

Quando a terra usada para o cultivo de alimentos não produzia mais, as _______________ mudavam o local do plantio, para que o solo pudesse descansar e se recuperar.

Valter Campanato/Abr

O cacique tupiniquim Vilson de Oliveira, também conhecido como Jaguaretê, vive no estado do Espírito Santo. Na fotografia, podemos vê-lo na cidade de Brasília, em janeiro de 2007, representando os interesses de seu povo perante nossos governantes.

b) Preencha as lacunas com palavras do texto.

A _______________ era a prática que os tupis tinham de derrubar e queimar o mato de um local para cultivar plantações de alimentos.

Quando a terra usada para o _______________ dos alimentos não produzia mais, as aldeias mudavam o local do plantio, para que o solo pudesse _______________ e se _______________.

17. Leia o texto e complete as lacunas com as palavras correspondentes do quadro.

madeira	alimentação	tradições	musicais	sertões
utensílios	guerreiros	segurança	fogueira	

Os aimorés

Os aimorés, também chamados de botocudos, eram povos nômades e ________________ que habitavam os ________________ brasileiros. Eles colocavam rodelas de ________________ nos lábios e nas orelhas por acreditarem que poderiam, desse modo, falar e ouvir melhor.

Os aimorés dormiam em estrados de madeira. Ao mudarem de um lugar para outro, enrolavam os ________________ em redes, e as mulheres as transportavam nas costas, juntamente com seus filhos. Os homens carregavam as armas e eram responsáveis pela ________________ e pela ________________ de sua família.

Os aimorés gostavam de instrumentos ________________, como a flauta feita de pedaços de bambu. À noite, em volta da ________________, os mais velhos contavam histórias para os mais novos; assim, estes podiam aprender as ________________ e os ensinamentos do grupo.

Nômades: grupo de pessoas que não possuem habitação em local fixo.

Repare nos detalhes dos lábios e das orelhas dos indígenas aimorés. A gravura *Família de botocudos em viagem* foi desenhada pelo viajante europeu Maximiliam von Wied-Neuwied, aproximadamente em 1820.

18. Leia o texto e resolva as questões.

Os bororos

O povo bororo vive na região central do estado de Mato Grosso. As pessoas mais idosas da comunidade contam que seus antepassados sempre viveram ali, caçando, cultivando alimentos, criando animais, realizando seus rituais culturais e criando seus filhos. Alguns antropólogos acreditam que os bororos vivem nessa região há aproximadamente _______________ anos.

Os primeiros contatos com os europeus ocorreram no século _______________, quando os bandeirantes paulistas, em busca de riquezas e de indígenas para trabalhar como escravos, percorreram boa parte do oeste brasileiro.

Em uma aldeia bororo, quando duas pessoas se casam, o homem abandona a moradia em que vive e passa a viver na moradia da sua esposa. Aproximadamente _______________ pessoas vivem juntas em uma mesma moradia. As grandes casas não possuem divisões internas e o seu espaço central é reservado para que os pertences de cada pessoa sejam guardados, as refeições sejam realizadas e as visitas sejam bem recebidas.

Valter Campanato/Abr

Jovem da etnia bororo, durante os Jogos dos Povos Indígenas, que, em 2007, foram realizados na cidade de Olinda, estado de Pernambuco (PE).

a) Assinale a alternativa que apresenta os elementos que completam as lacunas do texto.

- [ ] 40 – XVII – 7.000
- [ ] 7.000 – 40 – XVII
- [ ] 7.000 – XVII – 40
- [ ] XVII – 40 – 7.000

b) Escreva esses elementos em suas respectivas lacunas.

19. Leia o poema e responda à questão.

Os donos do "pedaço"

Caxinauá, guarani, xavante e xerente...
Quanto nome diferente!
Tupiniquim, banauá, fulniô, cantaruré...
Quem sabe o que é?

— Eu sei, já aprendi:
Antes do colonizador europeu,
Eles já viviam aqui,
São brasileiros como você e eu.

Juma, juruna, ofaié e caiapó...
Caçavam, pescavam, cantavam e dançavam.
Xoclengue, quiriri, macuxi, caxixó...
E da natureza cuidavam.

Vamos acolher nossos irmãos,
Os indígenas do Brasil.
Os primeiros donos do "pedaço",
Os primeiros filhos da mãe pátria tão gentil!

Texto elaborado por Bia Nogueira para este material.

■ Por que o título do poema é "Os donos do pedaço"?

____

____

____

____

____

____

20. Procure no diagrama as palavras do quadro.

tupiniquim **pescavam** **primeiros** **brasileiros** **donos** **indígenas** **respeitadas** **diversidade** **diferentes** **nativos**

K	R	Y	A	L	L	J	A	T	K	M	M	C	P	T	J	A	B
B	Í	R	S	F	D	I	V	E	R	S	I	D	A	D	E	O	R
D	U	E	B	U	S	V	T	G	U	O	U	A	E	D	K	R	A
I	D	S	U	A	I	W	U	R	I	N	D	Í	G	E	N	A	S
F	A	P	I	E	S	Í	V	E	K	D	B	G	U	N	J	C	I
E	O	E	P	R	I	M	E	I	R	O	S	E	Y	A	G	V	L
R	D	I	E	G	T	J	U	K	A	G	L	S	C	T	Y	B	E
E	O	T	A	H	E	S	Y	Z	P	A	K	K	D	I	I	N	I
N	N	A	K	T	U	P	I	N	I	Q	U	I	M	V	O	S	R
T	O	D	D	K	W	F	R	C	I	M	H	J	V	O	Ã	K	O
E	S	A	F	J	I	D	E	V	U	J	G	D	G	S	O	J	S
S	D	S	J	S	M	J	P	E	S	C	A	V	A	M	J	H	M

21. Leia o texto, observe a pintura e faça o que é pedido.

A cultura dos indígenas no tempo da colônia

Existem muitas maneiras de aprendermos a cultura dos indígenas que viviam no Brasil colonial. Uma delas é estudando como os indígenas cultivavam e colhiam suas plantas medicinais e quais plantas eles empregavam na construção de casas, canoas e instrumentos de caça e pesca.

Outra pode ser por meio das diferentes maneiras com que os povos indígenas se relacionavam com os elementos da natureza: os rios, as matas e os animais.

Os hábitos alimentares dos indígenas que viveram no período colonial brasileiro também nos revelam algumas características culturais: a maneira de cultivar e colher seus alimentos, o modo de prepararem e servirem esses alimentos aos integrantes das aldeias etc.

O contato entre indígenas, portugueses e africanos possibilitou muitas mudanças e trocas de conhecimentos entre essas pessoas, o que foi, pouco a pouco, formando a cultura brasileira, já nos tempos da colônia.

Foi da mistura da língua tupi dos indígenas com o português falado pelos colonizadores europeus e com as línguas trazidas pelos povos africanos que nasceu a língua portuguesa falada em nosso país.

As danças indígenas também nos ensinam sobre a cultura do período colonial brasileiro. Na imagem, vemos a pintura *Dança dos índios tapuias*, feita pelo holandês Albert Eckhout, entre os anos de 1637 e 1644.

- Entre as alternativas a seguir, marque com um **X** as que demonstram corretamente a ações dos indígenas que nos ajudam a entender e aprender a cultura do período colonial brasileiro.

- [ ] A fabricação de armas de fogo para as batalhas contra os portugueses.
- [ ] A maneira de cultivarem e colherem seus alimentos.
- [ ] A construção de carros de boi para o transporte de cana-de-açúcar.
- [ ] A decoração das igrejas nos tempos do ouro.
- [ ] As danças realizadas pelos indígenas.
- [ ] O modo de prepararem e servirem seus alimentos.

22. Leia o texto e faça o que é pedido.

> Com os portugueses, os indígenas aprenderam a falar uma nova língua, a ficar mais tempo em um mesmo lugar, a acreditar em uma nova religião, por exemplo.
>
> Com os indígenas, os portugueses aprenderam a pescar em rios, a dormir em redes, a se alimentar de frutas tropicais, a caçar e a fazer muitas coisas que, por serem desconhecidas, não faziam parte da cultura europeia.

- Assinale com um **X** as práticas que o colonizador português aprendeu com os indígenas brasileiros.

- [ ] Domar cavalos selvagens.
- [ ] Alimentar-se de frutas tropicais.
- [ ] Construir casas de tijolos.
- [ ] Usar redes para o descanso.
- [ ] Pescar em rios.

23. Ligue as figuras aos nomes das armas usadas pelos indígenas. Se precisar, procure mais informações sobre essas armas em um dicionário.

- borduna
- machadinha
- tacape
- zarabatana
- lança
- azagaia
- arco e flecha

24. Você acha que a chegada dos portugueses poderia ter atrapalhado a harmonia que existia entre os indígenas? Por quê?

____

____

____

A árvore que virou riqueza

25. Leia o texto e complete as lacunas com as palavras do quadro.

rei	árvores	pau-brasil	avermelhada
interessado	litoral	Portugal	europeus

As notícias chegam a Portugal...

Dizem os historiadores que o ________________ d. Manuel não ficou muito entusiasmado com a notícia das novas terras conquistadas. Isso ocorreu porque a única fonte de riqueza que Pero Vaz de Caminha tinha visto na nova terra eram as ________________ de ________________. Dessa árvore, os europeus poderiam retirar uma tinta ________________________ que serviria para tingir tecidos e que era muito valorizada na Europa.

Biblioteca Nacional

O monge francês André Thevet desenhou, no ano de 1557, os indígenas tupinambás, que viviam na região onde hoje é o estado do Rio de Janeiro, trabalhando no corte e no carregamento do pau-brasil.

Nessa época, o rei português estava mais ______________________ no comércio que era realizado com as nações orientais. Por esse motivo, o governo de ______________________ não investiu muito na terra recém-conquistada. Durante mais de 30 anos, foram enviadas apenas algumas expedições de reconhecimento ao ______________________ do Brasil.

Essas expedições não vinham para ficar e passavam poucos dias no litoral brasileiro, tempo suficiente para garantir que outros navegantes ________________________ não ocupassem o lugar e para retirar o máximo que podiam de pau-brasil.

26. Leia o texto, escolha a alternativa que completa corretamente o texto e preencha a lacuna.

... e a exploração se inicia!

Os indígenas que viviam aqui e que tiveram os primeiros contatos com os portugueses, logo no início da nossa colonização, perceberam que os europeus não seriam muito amigáveis. Além de derrubarem suas árvores, matarem seus animais e roubarem muitas de suas plantas medicinais, os portugueses forçavam os indígenas a ____________________________________.

Quando os indígenas notaram que estavam sendo escravizados pelos portugueses, começaram a se revoltar e a lutar contra os invasores europeus. A relação entre esses dois grupos, que havia se iniciado de maneira harmônica e pacífica, tornou-se violenta.

a) Fazer corante com o pau-brasil.
b) Trabalhar no corte e no transporte do gado.
c) Trabalhar no corte e no transporte da madeira.
d) Costurar sua roupas.

27. Assinale as frases corretas.

☐ A partir de 1530, quando os portugueses começaram a fundar as primeiras feitorias e vilas em território brasileiro, essa relação conflituosa ficou ainda mais clara.

☐ Para construírem suas primeiras feitorias, vilas, fazendas e povoados, os portugueses expulsaram e mataram milhares de indígenas.

☐ Alguns povos foram completamente extintos, por meio das guerras e das doenças que eles contraíam dos portugueses.

A missão dos jesuítas

28. Observe a tela e responda às questões.

Museu Nacional de Belas Artes, Rio de Janeiro

Elevação da cruz, tela de Pedro Peres.

a) O que os europeus estão fazendo na situação retratada na tela?

____

b) O que você acha que a cruz representa?

____

____

c) Como estão os indígenas na imagem? O que isso pode significar?

____

____

d) Como estão os europeus na imagem? O que isso pode significar?

____

____

____

29. Leia o texto e resolva as questões.

A Companhia de Jesus

Manuel da Nóbrega era padre da Companhia de Jesus, uma ordem religiosa da Igreja católica.

A ordem religiosa Companhia de Jesus foi fundada em 1534. Todo padre pertencente à Companhia de Jesus recebia a denominação de padre jesuíta.

Os padres jesuítas foram escolhidos para trabalharem no Brasil principalmente por dois motivos. Primeiro, por serem grandes defensores dos interesses da Igreja católica. Segundo, por serem ótimos organizadores de escolas, o que vinha ao encontro dos interesses do governo português, que pretendia não só administrar bem a colônia conquistada, mas também educar a população colonial conforme os princípios religiosos católicos.

a) Com o que se identificavam os padres pertencentes à ordem religiosa chamada Companhia de Jesus?

____

____

b) Indique a alternativa que esclarece um dos motivos que levaram o governo português a escolher os jesuítas para cuidarem da educação de crianças e jovens do Brasil colonial.

- ☐ Os jesuítas eram simpáticos aos princípios religiosos protestantes.
- ☐ Os jesuítas entendiam muito de criação de gado.
- ☐ Os jesuítas eram defensores do cristianismo defendido pela Igreja católica.
- ☐ Os jesuítas estavam criando muita confusão nas escolas de Portugal.

30. Assinale as alternativas corretas.

- [ ] Das muitas tarefas que os jesuítas deviam exercer no Brasil, três delas se destacavam: converter os indígenas brasileiros ao catolicismo, alfabetizar os filhos dos colonos portugueses e as crianças indígenas e transmitir educação escolar mais aprofundada aos filhos das famílias mais ricas da colônia.
- [ ] Os jesuítas queriam educar as crianças e os adultos indígenas e não convertê-los, ou seja, não queriam que os indígenas passassem a acreditar nos princípios cristãos defendidos pela Igreja católica.
- [ ] Os jesuítas se misturaram aos indígenas e passaram a viver nas aldeias.
- [ ] Os jesuítas nunca aprenderam a língua mais falada entre os indígenas do litoral brasileiro daquela época: o tupi.

31. Observe a ilustração, leia a legenda e responda à pergunta.

As escolas montadas nas aldeias indígenas eram precárias, mas, assim como aquelas que foram organizadas nas pequenas vilas e cidades da colônia brasileira, também cumpriam seu papel de levar ensinamentos e conhecimentos da cultura europeia às crianças e adultos indígenas.

- Como eram as escolas dos jesuítas?

____

____

____

____

32. Leia o texto e complete as lacunas com as palavras do quadro.

jesuíta	engenhos	trabalhar
residências	escrever	colégios

O ensino nas casas-grandes

Muitos padres jesuítas eram convidados a lecionar nas casas-grandes, isto é, nas ________________ dos proprietários de terras e ________________. Assistiam às aulas os filhos do senhor de engenho, os filhos dos parentes do senhor de engenho e, também, os filhos dos colonos portugueses. Nessas aulas, as crianças aprendiam a ler, ________________ e fazer cálculos matemáticos.

Os filhos dos colonos portugueses estudavam apenas o básico: poucos eram os que seguiam com seus estudos, porque começavam a ________________ muito cedo. Já os filhos dos senhores de engenho tinham mais oportunidade de continuar a estudar.

Nas aulas havia sempre uma parte reservada aos ensinamentos religiosos católicos. As meninas eram educadas pelas mães, tias ou irmãs mais velhas.

Para que os filhos das famílias mais ricas pudessem continuar seus estudos, os jesuítas criaram os ________________. Durante todo o período colonial, foram fundados cerca de 17 colégios, em várias vilas e cidades.

Os espaços desses colégios eram grandes. Além da capela, do espaço de cultos e orações, havia salas de aula, dormitórios (para aqueles que moravam na própria escola) e áreas para cultivo de legumes e verduras. A cidade de São Paulo, a maior do Brasil, começou a se formar com a construção de um colégio ________________.

Biblioteca Nacional de Portugal

O padre José de Anchieta, retratado nesta ilustração, produzida entre 1680 e 1740, na Itália, foi um dos responsáveis pela fundação do colégio jesuíta na vila de São Paulo.

33. Leia o texto e faça o que é pedido.

Os colégios jesuítas

Nos colégios, os alunos aprendiam gramática, filosofia, ciências, latim, aritmética e para quem quisesse seguir a vida religiosa, teologia. Não havia curso superior na colônia; portanto, quem quisesse cursar uma faculdade, deveria ir para o exterior. A cidade de Coimbra, em Portugal, era uma opção.

Teologia: ciência que estuda as religiões.

Nos colégios, a disciplina era muito rígida. Os alunos acordavam cedo para fazer as orações exigidas antes do início das aulas. Durante as aulas, podiam falar somente quando solicitados pelo professor, tinham de sentar-se enfileirados e andar de forma ordeira. Deveriam obedecer a todas as normas, caso contrário os pais eram chamados para buscar os filhos desobedientes.

No período da tarde, os alunos estudavam e se dedicavam à horta do colégio, caso existisse. Eles deveriam decorar longos trechos dos livros indicados pelo professor e participar das disputas entre alunos. Era nessas disputas que mostravam o que tinham aprendido. Quem não aprendesse nada era severamente castigado. A vida de um estudante num colégio jesuíta não era fácil.

Durante 210 anos, os jesuítas cuidaram do ensino escolar brasileiro. Muito do que ocorre nas escolas de hoje é herança deixada por eles.

- Ligue as duas colunas, relacionando corretamente as ações educacionais dos jesuítas.

Ensino nas aldeias indígenas	Ensinavam-se gramática, filosofia, ciências, latim, aritmética e teologia.
Ensino nas casas-grandes	Conversão de crianças e adultos indígenas ao catolicismo.
Ensino nos colégios	Ensino de leitura, escrita e cálculos matemáticos, destinado aos filhos dos senhores de engenho, aos filhos de seus parentes e aos filhos dos colonos portugueses que viviam próximo à propriedade do senhor.

O povo africano

34. Leia o texto e faça a atividade.

Os elementos culturais dos povos africanos trazidos para o Brasil para trabalharem como escravos também nos ajudam a compreender a nossa cultura colonial e seus diversos elementos.

Comidas, danças, músicas, línguas, festas religiosas, tradições familiares e muitos outros elementos culturais pertencentes aos povos que viviam na África foram trazidos para o Brasil e, aqui, somaram-se às culturas dos indígenas e dos portugueses.

O sincretismo religioso que existiu entre as divindades das religiões africanas e os santos da Igreja católica até hoje está presente em nossa cultura religiosa e popular.

Os cantos e batuques, que embalavam e ritmavam o trabalho ou lamentavam os castigos sofridos, as comidas preparadas nas senzalas, as danças típicas, como a congada e a capoeira, e muitas outras peculiaridades permaneceram como expressões da cultura colonial brasileira.

Sincretismo: fusão ou mistura de elementos culturais e religiosos.
Peculiaridades: que são próprias de um grupo; características.

A capoeira é uma mistura de dança e jogo herdada culturalmente dos negros africanos trazidos ao Brasil para trabalharem como escravos.

■ Complete a frase:

Os elementos culturais pertencentes aos ____________________ que foram trazidos para o Brasil para trabalharem como ____________________ também nos ajudam a entender a nossa ____________________ .

35. Assinale com **X** as alternativas que estiverem corretas.

☐ O povo africano, durante o período colonial, relacionou seus cultos religiosos com os cultos católicos.

☐ A capoeira é uma manifestação cultural que herdamos do povo africano.

☐ A cultura africana não influenciou o período colonial brasileiro.

36. Escreva o que significam estas palavras de origem africana.

Batuque: ____________________

____

Caçula: ____________________

Vatapá: ____________________

____

Quindim: ____________________

Cachimbo: ____________________

Cafuné: ____________________

____

Quitute: ____________________

Moleque: ____________________

37. Leia o texto e observe o mapa.

Os primeiros 50 anos de contato entre portugueses e povos nativos foram até certo ponto pacíficos. Por muito tempo, os indígenas forneceram pau-brasil e mantimentos aos portugueses em troca de objetos.

Após esse período, Portugal iniciou o processo de colonização no território brasileiro, com a instalação dos engenhos de açúcar. Com a necessidade de mão de obra para o plantio e a colheita, os portugueses trouxeram mão de obra de alguns pontos do continente africano. Eles capturavam os africanos sem nenhuma preocupação em relação às famílias, que eram, assim, desfeitas. Muitos reis, rainhas, príncipes e princesas africanos tornaram-se escravos dos portugueses em suas colônias.

The Bridgeman/Grupo Keystone

Esta tela retrata um grupo de negros capturados na África central. O missionário escocês David Livingstone encontrou esse grupo em uma de suas expedições ao continente africano.

ORIGENS DOS ESCRAVOS TRAZIDOS PARA O BRASIL

Fonte: Flávio de Campos e Miriam Dolhnikoff. *Atlas história do Brasil*. São Paulo: Scipione, 1993. p. 5.

- Agora, resolva estas questões.

a) Passe um lápis preto sobre o contorno interno do Brasil, que representa o território brasileiro atual.

b) Marque com um **X** o nome dos locais para onde foram levados os africanos que partiram de Cabo Verde e Guiné Bissau.

( ) São Luís
( ) Salvador
( ) Rio de Janeiro
( ) Recife
( ) Belém

c) No mapa, circule de vermelho os nomes dos lugares de onde partiram os negros trazidos para o Rio de Janeiro

d) No mapa, circule de verde os nomes dos lugares de onde partiram os africanos levados para Salvador e Recife.

e) Pinte o quadrinho ao lado do nome do oceano que banha o litoral de Moçambique.

( ) Oceano Atlântico
( ) Oceano Índico

f) Pinte o quadrinho ao lado do nome do oceano que banha Luanda e São Jorge da Mina.

( ) Oceano Atlântico
( ) Oceano Índico

g) Pinte o quadrinho ao lado do número correto de lugares de onde partiram os negros trazidos para o Brasil.

( ) 3
( ) 5
( ) 7
( ) 8
( ) 9

38. Leia o texto, observe as imagens e resolva as questões.

Chamamos de africanos os nativos do continente africano. Dentro desse enorme continente, porém, há povos com tradições e costumes muito particulares, a exemplo do que ocorre, como já estudamos, com os povos indígenas no Brasil.

Para ter ideia da grande diversidade de povos africanos, veja um pequeno exemplo na sequência retratada ao lado.

Viagem pitoresca através do Brasil

Faces desenhadas por Johann Moritz Rugendas, de africanos escravizados que partiram do porto de Moçambique.

a) Observe atentamente essas faces desenhadas por Rugendas e escreva as semelhanças e diferenças físicas que você observa nelas.

b) As diferentes tatuagens nessas faces têm por função identificar o povo a que cada um deles pertence. Diante dessa observação, quantos povos africanos foram retratados aqui por Rugendas?

O açúcar no Brasil

39. Leia o texto e complete as lacunas das frases com as palavras do quadro.

1630	riquezas	problemas	1530	1730
engenhos	currais	agricultores	comerciantes	

a) A partir de aproximadamente ________________, quando o governo português resolveu colonizar definitivamente o Brasil, organizando as capitanias hereditárias e o governo-geral, a principal atividade econômica passou a ser o plantio de cana-de-açúcar.

b) O açúcar passou a ser a principal fonte de ________________ dos donos de terras no Brasil colonial, principalmente durante o século XVII.

c) O açúcar era produzido nos ________________ brasileiros, levado até a Europa pelos portugueses e revendido para os demais países europeus pelos ____________________ holandeses, que eram os que mais lucravam com toda essa negociação.

Canaviais a perder de vista: a grande fonte de riquezas do período colonial era a produção de açúcar. No detalhe, cana-de-açúcar, em ilustração de Jean-Baptiste Debret, na década de 1820.

40. Leia o texto e complete a lacuna com uma palavra do quadro.

monocultura	policultura

> Para a produção do açúcar eram necessárias grandes quantidades de terras. Os senhores de engenho, como ficaram conhecidos os proprietários das fazendas canavieiras, não faziam outras plantações em suas terras, somente a cana-de-açúcar.
>
> Quando uma grande quantidade de terra é destinada ao cultivo de um único tipo de plantação, essa produção passa a ser chamada de ________________, que quer dizer: "cultura de uma planta só".

41. Leia o texto e escolha a alternativa que completa corretamente as lacunas.

Os engenhos de açúcar

A principal unidade de produção do açúcar era o ____________________.

Os engenhos foram construídos para que os portugueses conseguissem explorar de maneira intensa a cana-de-açúcar brasileira.

Perto de um engenho de açúcar do período colonial, era construída a residência dos senhores de engenho, que era chamada de ____________________. pequenas plantações de mandioca, batata, milho, feijão e arroz, que eram cultivadas para alimentar as pessoas que viviam e trabalhavam no engenho.

Na obra *Engenho de Pernambuco*, do pintor holandês Franz Post, podemos ver um típico engenho do período colonial brasileiro.

a) casa-grande, senzala e engenho.

b) senzala, engenho e casa-grande.

c) casa-grande, dormitórios, locais de trabalho.

d) casa-grande, senzala, locais de trabalho.

e) engenho, casa-grande, senzala.

42. Leia o texto e complete as lacunas com as palavras do quadro. Depois, responda à pergunta.

escravos	indígenas	padres	africanas	negros

Cultivando a terra para fazer a riqueza

Nas grandes plantações de cana-de-açúcar e nos engenhos, os senhores precisavam de muitos trabalhadores. No início tentaram escravizar os ________________. Mas isso se tornou muito difícil porque os ________________ jesuítas eram contra o trabalho escravo dos indígenas, muitos indígenas ficavam doentes com o excesso de serviço, alguns se recusavam a trabalhar de maneira forçada e violenta e outros não gostavam da presença dos portugueses em suas terras. Então, os portugueses perceberam que era necessário arrumar outro tipo de mão de obra.

A solução encontrada pelos portugueses foi comprar ________________ capturados entre as nações ________________. Esses escravos eram trazidos ao Brasil pelos traficantes ingleses, holandeses e portugueses.

Os ________________ escravizados passaram a executar quase todos os tipos de trabalho: na lavoura, no engenho, no transporte dos senhores, na arrumação das casas-grandes etc.

Museu Real da Dinamarca

Biblioteca Nacional

Os negros africanos que foram trazidos ao Brasil para trabalharem como escravos somavam-se aos índios e portugueses, moldando de maneira única e forte a formação da nossa cultura. Na primeira imagem, vemos a obra *Negra com criança*, do pintor holandês Albert Eckhout, no ano de 1641. Na segunda imagem, vemos a obra *Negros*, feita pelo pintor holandês Johan Nieuhof, no ano de 1703.

■ Por que, durante o período colonial, o trabalho escravo dos indígenas foi deixado de lado e substituído pelo trabalho escravo dos negros africanos?

____

____

____

____

____

____

____

____

43. Complete as frases com base em seus conhecimentos sobre as atividades da economia açucareira.

a) A atividade açucareira começou no Brasil em ______________, quando o governo português resolveu definitivamente colonizar as Novas Terras.

b) A principal unidade de produção de açúcar do Brasil colonial era o ______________.

c) A residência do proprietário do engenho chamava-se ______________, e a ______________ era o lugar onde dormiam os trabalhadores escravizados.

d) Os portugueses compravam escravos capturados nas ______________ africanas.

e) Os negros escravizados passavam a executar quase todos os tipos de trabalho: na ______________, no engenho, no ______________, na ______________ das casas.

Europeus disputam o Novo Mundo

44. Leia o texto e observe a imagem.

A história colonial do nosso país iniciou-se quando os portugueses decidiram organizar sua colônia americana: o Brasil. Eles perceberam que era preciso tomar posse do Brasil, senão outros países da Europa fariam isso.

■ Complete a lacuna.

Alguns reinos europeus, como os da Espanha, Inglaterra, França e Holanda, estavam financiando a vinda de comerciantes e exploradores para retirar ______________________, conhecer as terras brasileiras e mapear o nosso litoral.

Mapear: registrar em mapas; identificar geograficamente.

45. O rei português d. Manuel I, percebendo que poderia perder as terras recém-descobertas no continente americano, enviou navios e soldados para atacar e expulsar os estrangeiros que estavam explorando o litoral de sua colônia.

Em 1526, Portugal achou por bem fundar feitorias ao longo do litoral brasileiro, nas terras dos povos tupis, que eram aqueles que tinham mais contato com os portugueses.

As feitorias eram locais estratégicos que serviam para troca de mercadorias entre nativos e mercadores portugueses.

- Como eram as feitorias construídas pelos portugueses?

____

____

____

____

____

____

46. Leia o texto e complete a lacuna corretamente.

As capitanias hereditárias

O rei d. João III, em 1534, dividiu o Brasil em grandes lotes de terra, que se estendiam do atual estado do Maranhão ao atual estado de Santa Catarina. Cada uma dessas unidades recebeu o nome de

______________________________,

e elas seriam administradas por donatários.

Os donatários precisavam ser ricos para investir seus recursos na colonização do Brasil. Como forma de garantia, o rei assegurou aos donatários que seus descendentes herdariam a terra por eles colonizada. Por esse motivo, as capitanias eram chamadas de hereditárias.

Biblioteca da Ajuda (Portugal)

No mapa do Brasil, desenhado por Luiz Teixeira em 1574, podemos ver a divisão das capitanias hereditárias.

A maior parte dos ________________ não tomou posse de suas terras, outros não conseguiram mantê-las. Apenas dois donatários tiveram sucesso: Martim Afonso de Sousa, com a capitania de São Vicente, atual região do estado de São Paulo, e Duarte Coelho, com a capitania de Pernambuco, atual região do estado de Pernambuco.

- As afirmações a seguir dizem respeito às capitanias hereditárias. Assinale as que forem verdadeiras.

☐ Divisão das terras brasileiras, do Maranhão a Santa Catarina, em grandes lotes de terras.

☐ Foram todas financiadas com recursos do governo português.

☐ O donatário teria que investir seu próprio dinheiro nas terras doadas pelo governo português.

O Brasil holandês

47. Leia o texto e faça as atividades.

Entendendo a Europa daquela época

No século XVI, antes de os holandeses se tornarem independentes, formando seu próprio país, eles foram governados pelos espanhóis. Quando o sentimento de liberdade dominou a população holandesa, foi iniciada uma guerra (1577-1648) para que os holandeses se tornassem independentes da Espanha.

Nessa mesma época, Portugal também estava sob o governo do rei espanhol Filipe II. Isso ocorreu porque o rei português havia desaparecido em uma batalha e não deixara herdeiros, que, naturalmente, assumiriam o trono de seu país. A união entre Portugal e Espanha ficou conhecida como União Ibérica, pois os dois países ibéricos passaram a ser governados por um único monarca.

Países ibéricos: Portugal e Espanha, países localizados na península Ibérica.

Biblioteca Nacional

O rei espanhol Filipe II governou a Espanha e Portugal ao mesmo tempo e foi o responsável pela criação da União Ibérica, no ano de 1580.

Como o Brasil pertencia a Portugal e este estava sob o domínio espanhol, os holandeses entenderam que, ao disputarem o comércio das riquezas brasileiras, estariam enfraquecendo a Espanha. Invadir o Brasil era uma estratégia dos holandeses para se libertarem da Espanha.

a) No século XVI, os holandeses conseguiram conquistar um enorme território da colônia portuguesa na América em razão de:

- [ ] serem ótimos nos estudos de filosofia, uma disciplina muito importante da época.
- [ ] serem bons católicos e fiéis ao governo português.
- [ ] se tornarem bons comerciantes e bons navegadores.
- [ ] gostarem muito do rei espanhol, aliado dos holandeses.

b) Levando-se em consideração que, no século XVI, o rei Filipe II, da Espanha, também era rei da Holanda, indique a afirmação que está correta.

- [ ] Invadir a colônia brasileira, para os holandeses, fazia parte de suas ações para se tornarem independentes da Espanha.
- [ ] Ao invadirem a colônia brasileira, os holandeses queriam agradar ao rei da Espanha.
- [ ] Os holandeses queriam ficar bem longe da Europa, já que não sabiam como comercializar o açúcar, um produto muito valorizado naquela época.

c) O que foi a União Ibérica?

____

____

____

d) Por que Portugal foi governado por um rei espanhol, Filipe II.

____

____

____

48. Leia o texto e faça as atividades.

O governo de Nassau

Em 1637, o nobre holandês Maurício de Nassau aceitou o pedido da Companhia das Índias Ocidentais para governar a parte holandesa do Brasil. Assim que assumiu o cargo, passou a fazer uma série de mudanças urbanas na cidade do Recife, considerada a capital do reinado holandês no Brasil.

Museu Mauritshuis, Haia (Holanda)

Por ter realizado muitas modificações na cidade do Recife, Maurício de Nassau ficou conhecido como um bom administrador.

A primeira mudança realizada por Maurício de Nassau foi a construção de uma nova cidade do outro lado do rio Capibaribe, que banha o Recife.

Nassau construiu um palácio para ser sua residência e um jardim grandioso, com muitas plantas ornamentais, coqueiros e outras árvores. Porque esse jardim era um espaço de lazer e também de cultivo de plantas consideradas importantes para os holandeses, ele era chamado de jardim botânico.

Ornamentais: decorativas; que enfeitam; que embelezam.

Museu do Estado de Pernambuco

Para ligar as duas cidades, o novo governante construiu uma ponte de tijolos. Na época, era a maior ponte de todo o continente americano.

Nada disso foi feito ao acaso. Maurício de Nassau trouxe da Europa arquitetos para projetar as construções do Recife. As ruas da cidade foram calçadas e os prédios, decorados.

Para incentivar a arte e embelezar os prédios públicos, trouxe, também da Europa, bons pintores; para estudar as plantas e os animais do território, trouxe muitos botânicos e naturalistas. São muitas, portanto, as contribuições que os holandeses deixaram para a cultura brasileira.

Naturalistas: cientistas que se dedicam às ciências naturais (biologia, zoologia, botânica etc.)

A fim de registrar tudo o que estava sendo realizado durante seu governo, Nassau trouxe muitos cronistas, que tinham a tarefa de narrar sua administração.

Até mesmo no que se refere às crenças religiosas, o governo de Maurício de Nassau no Brasil interferiu significativamente: enquanto em outras partes do Brasil colonial era permitido somente o culto católico romano, na parte holandesa eram permitidos cultos das pessoas protestantes e dos judeus.

a) Sublinhe no texto as construções feitas em Recife durante o governo de Maurício de Nassau.

b) Circule no texto os profissionais que Nassau trouxe.

Nesta ilustração panorâmica feita pelo pintor Frederick Hagedorn no ano de 1855, visualizamos o traçado das ruas do Recife e, do lado direito da imagem, a ponte construída durante o governo de Maurício de Nassau.

49. Observe as imagens, leia as legendas e numere-as na sequência correta.

( ) A PARTIR DE OLINDA E RECIFE, OS HOLANDESES CONQUISTARAM MUITOS ENGENHOS, POR BOA PARTE DO LITORAL NORDESTINO. ELES CHEGARAM A DOMINAR UMA REGIÃO QUE IA DA CAPITANIA DE PERNAMBUCO À CAPITANIA DO MARANHÃO.

( ) OS HOLANDESES FORAM EXPULSOS, MAS NÃO DESISTIRAM DO BRASIL. EM 1630, INVADIRAM OLINDA, A CIDADE MAIS IMPORTANTE DA CAPITANIA DE PERNAMBUCO.

OS HOLANDESES FORAM EXPULSOS DA BAHIA NO ANO DE 1625. NESSE TEMPO, CONHECERAM E APRENDERAM AS TÉCNICAS DE PLANTIO DE CANA E PRODUÇÃO DE AÇÚCAR NOS ENGENHOS.

EM MEIO A SUA GUERRA POR LIBERDADE, OS HOLANDESES DECIDIRAM INVADIR A CIDADE DE SALVADOR, NO ANO DE 1624. MUITOS NAVIOS FORAM UTILIZADOS NESSA EMPREITADA!

50. Leia o texto e faça as atividades.

O fim do domínio holandês

Tudo caminhava bem com os holandeses no Brasil até que os portugueses conseguiram se libertar do domínio espanhol, no ano de 1640.

Cinco anos depois, os proprietários de engenhos da capitania do Maranhão começaram a se revoltar contra os holandeses, manifestando-se por meio de rebeliões.

Não demorou muito, as rebeliões espalharam-se para as demais capitanias da região.

Durante quase dez anos, os portugueses combateram os holandeses em diversas regiões do nordeste brasileiro. Nessas batalhas, os portugueses contavam com o apoio do líder negro Henrique Dias e do indígena Filipe Camarão.

A guerra dos portugueses contra os holandeses terminou somente em 1654, ano em que os holandeses foram definitivamente expulsos da colônia portuguesa, e deixou milhares de mortos. Esse conflito ficou conhecido como Insurreição Pernambucana.

Museu Nacional de Belas Artes

A Batalha dos Guararapes é uma das mais importantes e famosas batalhas ocorridas entre portugueses, com reforços de indígenas e negros escravizados, e holandeses. Na imagem, vemos o quadro *Batalha dos Guararapes* (1879), de Victor Meirelles.

a) Sublinhe o nome dos líderes dessa insurreição.

b) Foi fácil para os portugueses colonizar e manter sob o seu domínio as terras conquistadas dos povos indígenas brasileiros?

____

____

____

____

____

c) Complete a frase:

A ______________________ foi o nome dado a um dos muitos conflitos em que se envolveram portugueses, ______________ brasileiros e ______________ escravizados contra a ocupação ______________ no Brasil.

51. Entre as construções relacionadas abaixo, indique aquelas que não foram realizadas por Maurício de Nassau na cidade do Recife, durante o tempo em que esteve no Brasil.

- [ ] Um palácio residencial.
- [ ] Um forte para a proteção da cidade.
- [ ] Pontes ligando a parte nova do Recife à parte antiga.
- [ ] Uma estrada de ferro.
- [ ] Um jardim botânico.
- [ ] Uma pirâmide.

Ocupando o sertão

52. Leia o texto e complete as lacunas com as palavras do quadro.

caatinga	couro	cavaleiros	vestimentas
vaqueiros	sertões	cultural	gado

Caminhantes do sertão

Observando as imagens e os escritos dos portugueses que viveram no Brasil colonial, podemos aprender sobre a cultura daquela época. Os hábitos alimentares, as ________________, as tradições religiosas e muitos outros elementos podem nos ajudar a entender o nosso passado ________________.

Havia pessoas que viviam nas pequenas vilas e cidades do período colonial, assim como existiam homens que viajavam para desbravar os ____________________.

Viagem pitoresca e histórica ao Brasil

Na litografia *Homem do Rio Grande* (1831), do pintor francês Jean-Baptiste Debret, observamos as botas, as esporas e o vestuário dos homens que criavam gado e muares nos pampas gaúchos.

Bandeirantes paulistas, vaqueiros do nordeste e dos pampas gaúchos, criadores de mulas e jumentos e muitos outros colonos influenciaram, com seus hábitos, a cultura colonial brasileira.

Pampas: região de pastagens do Rio Grande do Sul.
Muares: burros e mulas.

Kupferstichkabinett der akademie der bildenden künste, Viena (Áustria)

Na ilustração *Paulista com poncho* (1817), do austríaco Thomas Ender, vemos algumas características das roupas dos sertanejos que viviam em São Paulo.

A roupa de ______________ usada pelos ______________ do Nordeste para protegê-los das plantas espinhosas da ______________ na atualidade é uma herança cultural do passado.

Também é herança cultural o uso de botas de cano alto pelos ______________ gaúchos, que, já no período colonial, criavam ______________ em regiões alagadas e pantanosas ao sul do território brasileiro.

a) Encontre no diagrama algumas das palavras que você leu ao estudar as características culturais dos caminhantes do sertão do período colonial.

Q	O	A	I	U	V	A	Q	U	E	I	R	O	S	P
S	U	B	L	L	E	M	I	T	R	O	W	A	K	C
T	N	A	S	J	S	C	E	P	W	A	G	B	S	O
R	H	N	S	E	T	E	D	I	C	H	A	P	É	U
A	G	D	Z	O	I	C	K	U	T	N	O	H	A	R
D	O	E	P	A	M	P	A	S	Y	N	D	Á	L	O
I	P	I	A	B	E	V	K	L	S	D	L	B	S	K
Ç	D	R	B	C	N	D	I	U	V	A	L	I	K	P
Õ	W	A	I	A	T	B	N	A	F	S	T	T	D	A
E	A	N	G	C	A	V	A	L	E	I	R	O	S	S
S	D	T	P	S	S	J	T	A	A	O	Y	S	E	U
M	R	E	F	V	L	Y	Y	R	U	P	D	B	S	D
M	E	S	F	C	A	A	T	I	N	G	A	P	O	K
O	T	Q	G	D	A	E	O	S	U	W	E	R	A	F
U	B	F	B	O	T	A	S	N	T	X	S	G	J	M

b) Relacione as colunas.

gaúcho

vaqueiro

pampas

caatinga

cavaleiros

53. Leia o texto e complete as lacunas com palavras do quadro.

pastagens	sertão	engenhos	produção	criação	regiões

A pecuária

Outro tipo de ______________________ econômica do Brasil colonial foi a pecuária, ou seja, a ______________ de gado. Nesse período, a pecuária ocorreu principalmente nas ________________ Nordeste e Sul.

O gado fornecia transporte para pessoas e produtos agrícolas, força motriz para os __________________, carne, adubo e couro.

Força motriz: energia para mover as moendas de cana-de-açúcar.

A pecuária do período colonial foi responsável pelo avanço da colonização em direção ao ________________ brasileiro. Como as regiões mais próximas do litoral eram reservadas para o cultivo da cana-de-açúcar, os vaqueiros tinham que adentrar cada vez mais o interior da colônia e encontrar novas _________________ para seus animais.

Na obra *O carro de bois*, do pintor holandês Franz Post, podemos ver como os animais eram utilizados para transportar pessoas e mercadorias no Brasil do século XVII.

Imigrantes chegam ao Brasil

54. Leia a letra de uma canção típica de imigrantes italianos. Ela está escrita em um dialeto italiano, uma variante dessa língua. Veja a tradução ao lado desses versos.

Mèrica, Mèrica

Da l´Italia noi siamo partiti
Siamo partiti c´o i nostri onori
Trienta e sei giorni de machina e vapore
E nela Mèrica noi siamo arrivà
Nela Mèrica noi siamo arrivati
No abiam trovato n´è paglia, n´è fieno
Abiam dormito su´l nudo tereno
Come le bestie abiam riposà
E la Mèrica, l´è lunga e l´è larga
L´è circondata de monti e de piani
E co´la industria dei nostri italiani
Abiam fondato paesi e cità
Mèrica, Mèrica, Mèrica
Cosa sarála sta Mèrica?
Mèrica, Mèrica, Mèrica,
L´è un bel massolino de fior

Da Itália nós partimos
Partimos com nossas honras
Trinta e seis dias de navio
E na América chegamos
Na América chegamos
Não encontramos palha nem feno
Dormimos sobre o nu terreno
Como animais repousamos
E a América, ela é longa e é grande
É circundada por montes e planícies
E com o trabalho dos nossos italianos
Fundamos vilas e cidades
América, América, América
O que será esta América?
América, América, América
Ela é um belo macinho de flor

Folclore italiano.
Disponível em: <letras.mus.br/folclore-italiano/182024/traducao.html>.
Acesso em: junho de 2015.

a) Depois de terem passado muitos dias em um navio, os italianos enfrentaram dificuldades em sua chegada à América. Copie os versos em português que traduzem essa dificuldade.

____

____

____

b) Copie o que dizem sobre a América.

____

____

c) A que os italianos se comparam? Por quê?

____

____

____

d) Que contribuição os italianos nos deixaram, segundo a letra da música?

____

____

e) Apesar de toda dificuldade enfrentada, há um verso no poema que traduz o sentimento dos italianos pela América. Copie esse verso.

____

____

f) A palavra "macinho", do último verso da canção, expressa:

- ☐ afetividade, carinho.
- ☐ desprezo, indiferença.

55. Observe a fotografia.

Desembarque de imigrantes italianos no porto de Santos em 1907.

- Assinale as alternativas corretas.

a) O espaço é um porto. Sabemos disso:

☐ pela presença das pessoas. ☐ pela presença do navio.

b) A fotografia revela que no navio:

☐ havia pequeno número de imigrantes.

☐ havia a presença de muitos imigrantes.

c) As pessoas estão vestidas:

☐ com roupas iguais às da atualidade.

☐ com roupas usadas no começo do século passado.

d) Os homens naquela época geralmente vestiam:

☐ terno e chapéu. ☐ bermuda e camiseta.

e) As mulheres usavam:

☐ roupas curtas. ☐ roupas compridas.

f) Nessa chegada, as pessoas aparentam:

☐ tranquilidade. ☐ ansiedade diante do desconhecido.

56. Leia o texto e responda às questões.

A família do retrato

Fotógrafo desconhecido

Quando eu era menino, ouvia as histórias que meu pai contava, olhando um retrato pendurado na parede. Com o tempo, a imagem do retrato era mais do que um simples retrato na parede, eram as histórias de pessoas que não conheci, eram meus avós, meus tios. E de alguns que cheguei a conhecer, como a minha tia Conchita, o tio Paco e meu pai, que é o menino pequeno que está segurando o vestido de minha avó na foto.

Meu pai contava que meus avós e os filhos mais velhos chegaram da Espanha, em 1898, desembarcando no porto de Santos, com outra leva de imigrantes europeus.

De repente, meu pai sorria, lembrando-se das travessuras do tio Paco, como no dia em que encontraram o menino equilibrado na grossa madeira da porta da casa dos meus avós. Ou quando fez o seu carrinho de rolimã, com a ajuda do pai. Habilidades que sempre exibiu com orgulho pareciam ser uma de suas heranças de família, como o retrato na parede.

Mas, às vezes, a alegria das lembranças de infância era cortada pela tristeza que chegava, e tomava conta de meu pai, ao recordar-se da gripe espanhola de 1918, que chegara ao Brasil, trazida pelos navios. E meu pai mostrava aqueles que não haviam resistido à peste, que tomou conta de São Paulo, na época. Meu pai apontava, um por um, dizendo sempre os seus nomes.

É o mesmo gesto repetido tantas vezes que guardo como imagem do meu pai e de seu retrato de família. E hoje, homem feito, marmanjo de tantas viagens, repito para os meus filhos as mesmas histórias que meu pai contava, apontando o velho retrato.

Texto elaborado por José Paulo Ferrer para este material.

a) Quando a família do texto que você acabou de ler chegou ao Brasil?

____

b) De que país vinha a família de imigrantes do retrato? ______________